AF383868

CATALOGUE

DE LIVRES

RELATIFS A L'ARCHITECTURE

ET A L'ORNEMENT

ESTAMPES

ET

DESSINS

Dont la vente aux enchères publiques aura lieu

HOTEL DES COMMISSAIRES-PRISEURS, RUE DROUOT, N° 9

SALLE N° 7

Le Mercredi 17 Novembre 1886

A DEUX HEURES PRÉCISES

Par le ministère de **Me MAURICE DELESTRE**, Commissaire-Priseur,
rue Drouot, 27.

Assisté de **M. JULES BOUILLON**, Marchand d'Estampes de la Bibliothèque
Nationale, successeur de CLEMENT, 3, rue des Saints-Pères.

PARIS — 1886

CONDITIONS DE LA VENTE

Elle sera faite au comptant.

Les acquéreurs payeront *cinq pour cent* en sus des enchères, applicables aux frais.

L'ordre du Catalogue sera suivi.

DÉSIGNATION

LIVRES

1 — **Abrégé** historique des principaux traits de la vie de Confucius... orné de vingt-quatre estampes, par Helman. Paris, s. d. 1 vol. in-4 cart.

2 — **Alciati**. Emblemata D. A. Alciati, denuo ab ipso autore recognita, ac, quæ desiderabantur, imaginibus locupletata... 1550. In-8 vélin. Fig. s. bois.

Simeoni. La Vita et Metamorfoseo d'Ovidio, figurato et abbrevato in forma d'Epigrammi da M. Gabriello Symeani... A Lione, per Giovanni di Tornes, 1584. 1 vol. in-8 vélin. Fig. sur bois. Deux volumes.

3 — **Amaury-Duval**. Les Fontaines de Paris, anciennes et nouvelles; ouvrage contenant soixante planches dessinées et gravées au trait par M. Moisy; texte par M. Amaury-Duval. Paris, 1812. 1 vol. in-fol. cart.

4 — **Androuet-Ducerceau**. Leçons de perspective positive. 1 vol. in-fol. incomplet.

5 — **Arioste**. Orlando furioso di M. Lodovico Ariosto, tutto ricorretto, et di nuove figure adornato. Con le Annotationi, gli Auvertimente, et le Dechiarationi di Ieronimo Ruscelli... In Venetia, 1580. 1 vol. in-4 vélin. Fig. sur bois.

6 — **Arioste**. Roland furieux, poème héroïque, traduction nouvelle par M. d'Ussieux. A Paris, chez Brunet, 1775, 1783. 4 vol. in-4 cart. Fig. d'après Cochin, portrait par Ficquet.

7 — **Les Artistes** contemporains, 1856, 1843. 4 vol. in-fol., demi-rel. mar. bleu.

8 — **Les Artistes** anciens et modernes. Galeries d'amateurs. 3 vol. in-fol., demi-rel. mar. brun.

9 — **D'Aviler.** Cours d'Architecture qui comprend les ordres de Vignole, avec des commentaires, les figures et les descriptions de ses plus beaux bâtiments, et de ceux de Michel-Ange..., par le sieur C. A. d'Aviler. A Paris, chez Jean Mariette, 1738. 1 vol. in-4, veau. Fig.

10 — **Bella.** A collection of etchings, by that inimitable artist Stefanino della Bella, comprising in number one Hundred and eighty pieces..., by Thomas Dodd. London, 1818. 1 vol. in-fol. demi-rel. mar. violet.

11 — **Bernard.** Œuvres de P. J. Bernard, ornées de gravures d'après les dessins de Prud'hon ; la dernière estampe gravée par lui-même. A Paris, de l'imprimerie P. Didot l'aîné, 1797. 1 vol. in-4 cart.

11 *bis* — **Bibiena.** Décorations d'églises, autels, plafonds, catafalques, tombeaux. Décorations théâtrales, etc. Quarante-sept planches en 1 vol. in-fol. cart.

12 — **Bloemaert (Abr.).** Principes et études de dessin, gravés par B. Picart et Bloemaert fils. Amsterdam, 1740. 1 vol. in-fol. vél. Fig.

13 — **Blondel.** De la distribution des maisons de plaisance, et de la décoration des édifices en général, par Jacques-François Blondel. Paris, Jombert, 1737-1738. 2 vol. in-4 veau. Fig.

14 — **Boccace.** Le Décaméron de Jean Boccace. Londres, 1757-1761. 5 vol. in-8 veau mar. Fig. d'après Gravelot. Très bel exemplaire avec les gravures en épreuves de premier tirage.

15 — **Bretez.** La Perspective pratique de l'architecture, contenant par leçons une manière nouvelle, courte et

aisée pour représenter en perspective les ordonnances
d'architecture et les places fortifiées..., par Louis Bretez.
Paris, 1751. 1 vol. in-fol. veau. Fig.

16 — **Britton.** Picturesque antiquities of the English ci-
ties illustrated by a series of engravings of ancient buil-
dings, street scenery, etc., with historical and descrip-
tive accounts of each subject, by John Britton, 1830.
In-4. An illustrated natural history of British moths...,
by Edward Newman, 1869. In-8. 2 vol.

17 — **Bry.** Pannoniæ historia chronologica res per unga-
riam, transylvaniam Iam inde a costitutione Regnorum
illorum, usq. ad inuictis rom. Im. Rodolphum II, Unga-
riæ Regem christianum XXXX... omnia inæs eleganter
incisa et recens et Vulgata per Theodoru de Bry Leo-
dien... Francf., A° 1596. In-4 veau.

Curtio. Virorum illustrium ex ordine eremitarum D.
Augustini elogia cum singulorum expressis ad vivum
iconibus. Auctore F. Cornelio Curtio... Antverpiæ, 1636.
In-4 veau. 2 vol.

18 — **Burgmair.** Le Triomphe de Maximilien I[or], en une
suite de cent trente-cinq planches gravées en bois, d'a-
près les desseins de Hans Burgmair, accompagnées de
l'ancienne description dictée par l'Empereur à son se-
crétaire Marc Treitzsaurwein. Vienne..., 1796. 1 vol.
in-fol. oblong. demi-rel. bas.

19 — **Byron.** Œuvres de lord Byron, traduction de M. Amé-
dée Pichot. Paris, Furne, 1836. 6 vol. in-8 cart.

20 — **Le Cabinet** des beaux-arts ou Recueil d'estampes
gravées d'après les tableaux d'un plafond, où les beaux-
arts sont représentés, avec l'explication de ces mêmes
tableaux, 1790. Chez G. Edelinck. 1 vol. in-fol. obl.
demi-rel. veau.

21 — **Camilli.** Imprese illustri de diversi, coi discorsi de
Camillo-Camilli, e con la figurate intagliate in rame da

Girol-Porro. Venetia, per Fr. Ziletti, 1586. 1 vol. in-4 en deux parties, veau. Fig.

22 — **Cauriulo**. Il sontuoso apparato fatto dalla magnifica citta di Brescia. Nel felice ritorno del illu et Reverendiss. Vescouo Suo, il cardinale Morosini, 1591. 1 vol. in-fol. vélin. Fig. Manque le titre.

23 — **Clarac**. Musée de sculpture antique et moderne, par M. le comte de Clarac. Paris, 1826-1830. Tomes I et II. 2 vol. in-4. oblongs, cart.

24 — **Constantinople**. And the scenery of the seven churches of Asia Minor illustrated ; in a series of Drawings from nature by Thomas Allom.

The shores and Islands of the Mediterranean. Drawn from nature by sir Grenville Temple, etc... London, 1839, 2 vol. in-4, dem.-rel., veau. Fig.

25 — **Cotelle**. Livre de divers ornements pour plafonds, cintres surbaissez, galleries et autres, de l'invention de Jean Cotelle, peintre ordinaire du roy. A Paris, chez l'auteur, s. d. 1 vol. in-fol. oblong, veau.

26 — **Decker** (Paul). Représentation des principales batailles à la gloire de Léopold 1er, Joseph 1er et Charles VI. Les batailles composées par Rugendas sont dans des encadrements richement ornementés, composés par Decker et publiés à Augsbourg, chez à Wolff. 1 vol. in-fol., contenant cinquante-cinq planches.

27 — **Decker**. Furstlicher Baumeister, Oder architectura-civilis... inventirt durch Paulus Decker. Augsburg, 1711 , 1716. Trois parties en un vol. in-fol., veau.

8 — **Descamps** (J.-B.). La vie des peintres flamands, allemands et hollandais, avec des portraits gravés en taille-douce. Paris, Jombert, 1753, 1760. Les trois premiers volumes, in-8, veau.

29 — **Description** des fêtes données par la ville de Strasbourg, pour la convalescence du Roi, à l'arrivée et pen-

dant le séjour de Sa Majesté en cette ville, inventé, dessiné et dirigé par J. M. Weis, graveur de la ville de
Strasbourg. In-fol., sans date. — Relation de l'arrivée du
Roi au Havre-de-Grâce, le 19 septembre 1749, et des
fêtes qui se sout données en cette occasion. In fol. —
Planches représentant les fêtes données à l'occasion du
mariage de Madame Louise-Elisabeth de France. —
Pompes funèbres et fêtes de Versailles, par Cochin. Le
tout en un vol. In-fol., veau.

30 — **Denon**. Planches du Voyage dans la basse et la haute-
Egypte. Cent quarante et une planches en un vol. in-fol.,
dem.-rel. veau, dos et coins.

31 — **Dieterlin** (W.). Architectura von den fund saulen und
aller darauss folgender kunstarbert von fenstern, Ca-
minen Thurgerusten, Portalen, Bronnen und Epita-
phien, Nurenberg, 1598. Deux cent deux planches de ce
livre recherché, 1 vol. in-fol., veau.

32 — **Disegno** della loggia di san Pietro in Vaticano dove si
da la Benedezione. Opéra che devea dipengersi dal ca-
val..... Giovanni Lanfranco, 1 vol. in-fol., cartonné, contenant dix-neuf planches.

33 — **Divers**. The ornamental-architecte or youn-artists ins-
trutor, consisting of the five orders, drawn by Aliquot
parts, With their embelishments, etc. 1770.

Pain's British Palladio. Or the Builder's general assis-
tant, demonstrating in the most easy and practical me-
thod, all the principal rules of architecture......, London, 1786.

Household furniture and interior decoration, executed
from designs by Thomas Hope. London, 1807.

The British architect : or the Builders treasury of
stair-cases..., by Abraham Swan. London, s. d. Quatre
vol. in-fol. cart. Fig.

34 — **Dorat**. Œuvres. Paris, Delalain, 1770, 1792. Dix vol.
in-8, dem.-rel., mar, rou, Fig. d'après Eisen et Marillier.

35 — **Durand**. Recueil et parallèle des édifices de tout genre, anciens et modernes...... par J. N. L. Durand, Paris.... An IX. 1 vol. in-fol. oblong, broché.

36 — **Examples** of ornamental sculpture in architecture. Drawn from the originals of bronze and terra cot in Greece Asia minor and Italy by Lewis Vulleamy in the years 1818, 1819, 1820, 1821, and engraved, by Henry Mons. London, 1823. 1 vol. in-fol., cart.

37 — **Fénelon**. Les Aventures de Télémaque, fils d'Ulysse, par feu Messire François de Salignac de la Mothe Fenelon..... Nouvelle édition.... enrichies de planches et de vignettes, qui ont rapport au sujet. Leide et Amsterdam, 1761. 1 vol. in-fol., veau.

38 — **Fénelon**. Les Aventures de Télémaque, par François Salignac de la Mothe-Fénelon.... avec soixante-douze estampes gravées d'après les dessins de Ch. Monnet, par J. B. Tilliard. Paris, de l'Imprimerie de J. M. Eberhart, 1810, 2 vol. in-4, dem. rel., mar. rouge.

39 — **Fêtes** publiques données par la ville de Paris, à l'occasion du mariage de Monseigneur le Danphin, les 23 et 26 février 1745. 1 vol. in-fol., veau marhré. Fig.

40 — **Fête** publique donnée par la ville de Paris, à l'occasion du mariage de Monseigneur le Dauphin, le 13 février 1747. 1 vol. in-fol., veau, mar. Fig.

41 — **Faxman**. Compositions, from the tragedies of Eschylus, designed by John Flaxman, engraved by Thomas Piroli and Frank Howard. London. 1831. 1 vol. in-fol., obl. cart.

42 — **Fragments** d'ornements puisés dans les quatre Écoles, dédiés à S. A. R. la princesse Clémentine d'Orléans, par Deflorennes. Paris, s. d., 1 vol. grand in-4, dem.-rel., mar. rouge, fig. sur chine.

43 — **Galeria** dipinta nel Palazzo del principe Panfilio da Pietro Berettini da Cortonæ. *Galeriæ* farnesianæ icones

romæ in ædibus sereniss. ducis Parmensis ab Annibale Carracio..... — *Barberinæ* aulæ fornix romæ eq. Petri Berettini cortonensis..... — *Heroicæ* virtutes imagines quas eques Petrus Berretinus cortonensis pinxit florentiæ in ædibus sereniss. magni ducis Hetruriæ, 1691. Ces quatre ouvrages en un vol. in-fol. vélin.

44 — **Galeria** dipinta nel palazzo del prencipe panfilio da Pietro Berrettini da Cortona 1 vol. in-fol. oblong.. cart., contenant quinze planches.

45 — **Gemmæ** Antiquæ ex Thesauro Medeceo et privatorum dactyliothecis florentiæ exhibentes tabulisc. imagines virorum illustrium et deorum cum observationibus Antonii francisci gorii. Florentiæ, 1761, 1762. 2 vol. in-fol., dem.-rel., veau. Fig.

46 — **Gessner.** New idyls by Salomon Gesner. With a letter to M. Fuslin, on lanscape painting and the two friends, of Bourbon... London, 1776. 1 vol. in-4, veau, fig.

47 — **Girodet.** Les amours des dieux. Recueil de compositions dessinées par Girodet et lithographiées par Aubry Lecomte, Chatillon, etc..... avec un texte explicatif, par P. A. Coupin. 1 vol. in-fol., cart., fig. sur Chine.

48 — **Gozzini.** Monumenti sepolerali della Toscana disegnati da Vicenzo Gozzini, e Incisi da Giovan Paolo Lasinio, sotto la direzione dei signori Cav. P. Benvenuti, el. de Cambray Digny. Firenze, 1819. 1 vol. in-fol., dem.-rel., maroquin.

49 — **Gravelot et Cochin.** Iconologie, ou Traité de la science des allégories à l'usage des artistes, en trois cent cinquante figures, gravées d'après les dessins de MM. Gravelot et Cochin, avec les explications relatives à chaque sujet. Paris, Lattré, s. d. Quatre vol. in-8. veau marbré, Figures.

50 — **Grotesques,** par C. Galle. — Nouveaux dessins de guéridons et ornements divers, par Loir.. Quarante-six pièces en 1 vol. in-fol. cart.

51 — **Hartmann**. Annales heremi deiparæ Matris monasterii in Helvetia ordinis s. Benedicti antiquitate religione frequentia, miraculis, toto orbe celeberrimi. Auctore R. P. F. Christophoro Hartmauno... Friburgi Brisgoviæ, ex. typographia Archiducali, 1612. 1 vol. in-fol., vélin.

52 — **Hénault**. Nouvel abrégé chronologique de l'histoire de France, contenant les événements de notre histoire depuis Clovis jusqu'à la mort de Louis XIV... Nouvelle édition, augmentée et ornée de vignettes et fleurons en taille douce. Paris, Prault, 1768. 2 vol. in-4, veau, 26 fig. au lieu de 35 annoncées.

53 — **Histoire** des Provinces-Unies des Pays-Bas, par M. Le Clerc..., avec les principales médailles et leur explication. Amsterdam, 1723-1728. 2 vol. in-fol., veau.

54 — **Historicher** bilder Bibel Erster Theit in sich haltenb die Abbildung der historien aller patriarchen des Buchs Mose... Von Johann Ulrich Prausten... Augsbourg. 1705. 1 vol. in-fol., veau.

55 — **Hope**. Costume of the ancients, by Thomas Hope. A new edition, much enlarged... three hundred and twenty one plates. London, 1841. 2 vol. in-8, cart. Fig.

56 — **Hulsius**. XII primorum Cæsarum uxorum et parentum ex antiquis numismatibus, in ære incisæ, effigies : atque eorundem earundemque. Vitæ et Resgestæ, ex variis Authoribus collectæ per Levinum Hulsium... Francoforti, 1596. 1 vol. in-4, veau. Fig.

57 — **Huquier excudit**. Recueil d'ornements, contenant :

1° Premier et second livre de fontaines inventées par F. Boucher, 14 p.

2° Premier et second livre de vases inventés par F. Bouchardon. 24 p.

3° Livre de vases, par François Boucher. 12 p.

4° Premier et second livre de trophées inventées par R. Charpentier. 24 p.

5° Livre de nouveaux trophez inventez par J. Dumont Le Romain, 7 p.

6° Livre nouveau de trophées inventez par A. Watteau. 12 p.

7* Nouveau livre de trophées, fleurs et fruits étrangers, inventé et gravé par Huquier. 12 p.

8° Recueil de dessus de porte inventés par un des plus habiles maîtres. 7 p.

9° Livre de divers esquices et grifonemens par J. de la Joue. 10 p.

10° Premier et second livres de panneaux et fantaisies, propre à ceux qui aiment les ornemens, inventés par Bellay et gravées par Huquier. 14 p.

11° Différentes pensées d'ornemens arabesques à divers Usages, divisé en deux parties, d'après Bellay. 20 p.

12° Livre d'ornemens de trophées, culs-de-lampe et devises, inventés par Gillot et gravés par Huquier. 12 p.

En tout, 168 pièces, toutes publiées par Huquier en 1 vol. in-fol., vel.

58. — **Pauli Iovii** novocomensis episcopi nucerini Elogia Virorum bellica virtute illustrium, septem libris iam olim ab authore comprehensa, et nunc ex eiusdem Musæo ad vivum expressis imaginibus exornata. Petri Pérnæ, typographi. Basil., 1575. 1 vol. in-fol., vél. Fig. gravées sur bois.

59 — **Jardine**. The naturalist's Library. Mamalio. par sir William Jardine. Edinburgh, 1833-4837. — The Naturalist's Library. Ichthyology, Entomology, Ornithology. Edinburgh, 1835-1837. 14 vol. in-8, cart. Fig.

60 — **Jeaurat**. Traité de perspective à l'usage des artistes, par M. Edme-Sébastien Jeaurat. Paris, Jombert, 1750. 1 vol. in-4, veau. Fig.

61 — **Johnson-Carver**. One Hundred and fifty New. desings by Thos. Johnson Carver. Consisting of Cielings, Chimney Pièces. Stal, Glass et Pictures frames... Engraved on

56 Copper Plates... Divisé en 4 parties. London. Robert
Sayer. 1761. 1 vol. in-4. cart.

62 — **Jones**. Examples of Chinese ornament selected from
objects in the south Kensington Museum and other col-
lections by Owen Jones. One Hundred plates. London,
1867. 1 vol. in-fol., cart. Fig. en couleurs.

63 — **Kraus**. Recueil de sujets de la vie de Jésus-Christ et
dn Nouveau Testament. 1 vol. in-fol., rel., contenant
128 planches.

64 — **Le Brun**. Recueil de divers desseins de fontaines et de
frises maritimes, inventez et dessignez par Charles
Le Brun, premier peintre du roy.

Divers desseins de décorations de pavillons, inventez
par Charles Le Brun, premier peintre du roi. Se vendent
chez Edelinck, rue Saint-Jacques, au Séraphin. 1 vol.
in-fol., veau. *Ø*.

65 — **Le Brun**. Les fontaines de Versailles. 8 planches en
1 vol. in-fol. obl., veau.

66 — **Legeay**. Fontaines, vases et ruines. Suite de 24 planches in-fol., brochées. *B. ot*.

67 — **Lenglet-Dufresnoy**. Tablettes chronologiques de
l'histoire universelle, sacrée et profane, ecclésiastique et
civile, depuis la création du monde jusqu'à l'an 1743.
La Haye, 1756. 2 vol. in-8, veau.

68 — **Lepautre**. Plafonds, lambris, cloîtres de chapelles,
frises avec feuillages et tritons marins, etc. cent deux pièces
en 1 vol. in-4, vélin. Très belles épreuves avec l'adresse
de Mariette.

69 — **Manuale** de vari ornamenti tratti dalle fabbriche, et
frammenti antichi... Opera raccolta, designata ed incisa
da Carlo Antonini... Romæ, 1790. 1 vol. in-fol, veau.

70 — **Marolois**. De Perspective ofte de Doorlichtighe
von Samuel Marolois. 1 vol. in-4, sans titre. Fig. par
de Vriese.

— 13 —

71 — **Montani.** Li cinque libri di architettura di Gio-Battista Milanese... In Roma, 1691. 1 vol. in-fol., veau. Fig.

72 — **The National Gallery**, comprising the pictures Know as the Vernon Collection. and a selection from the Works of modern sculptors. Edited by S. C. Hall, esq. London and New-York, s. d., 3 vol. gr. in-4, d.-rel., dos et coins. Fig.

73 — **Normand.** Paris moderne, choix de décorations inté·rieures et extérieures des édifices publics et particuliers de la capitale. 2 livraisons in-fol.

74 — **Nouveau** parallèle des ordres d'architecture des Grecs, des Romains et des auteurs modernes, dessiné et gravé au trait par Ch. Normand. Paris, 1825. 1 vol. in-fol., cart.

75 — **Œuvres** de Nicolas Boileau Despréaux, avec des éclair-cissements historiques donnez par lui-même. Nouv. édit., revue, corrigée et augmentée de diverses remarques, en-richie de figures gravées par Bernard Picart le Romain. A La Haye, chez P. Gosse et J. Neaulme, 1779. 2 vol. in-fol., veau marbré.

76 — **Œuvres** diverses de M. de Fontenelle, de l'Académie française. Nouv. édit., augmentée et enrichie de figures gravées par Bernard Picart le Romain. A La Haye, chez Gosse et Neaulme, 1778-1779. 3 vol. in-fol., veau.

77 — **Œuvres** choisies de J.-B. Rousseau. Amsterdam, 1777. 2 vol. in-18.

Œuvres de Gessner. 3 vol. in-18. S. l. n. d.

Le Paradis perdu de Milton. Paris, 1743. 2 vol. in-8.

Voyage en Chine et Tatarie, par L. Langlès. Paris, 1805. 2 vol. in-8, veau.

Contes de J. La Fontaine. Paris, Lefèyre, 1814. 1 vol. in-8, fig. d'après Moreau. 10 volumes.

78 — **Œuvres** de Calame. 61 pièces lithographiés publiées chez F. Delarue, en portefeuille.

79 — **The Ornementist** or Artisan's manual in the various branches of ornemental art... With an introductory Essay on ornemental art, by W.-B. Scott. London, 1844. 1 vol. in-fol., cart.

80 — **Opera** Iosephi viri inter Iudaceos doctissimi ac dissertissimi, quæ ad nostram ætatem peruenerunt, omnia, nimirum : De Antiquitatibus judaicis, libri XX..... Francoforti, 1580. 1 vol., veau. Fig. sur bois.

81 — **Ortelli.** Deorum dearumque capita, ex antiquis numismatibus Abraham Ortelli geographi Regii collecta et historica narratione illustrata a Francisco Sweertio. Antverpiæ, 1602. 1 vol. in-4, veau. Fig.

82 — **Ovide.** Les Métamorphoses d'Ovide, en latin et en français, de la traduction de M. l'abbé Banier..., avec des explications historiques. Paris, Delalain, 1767-1770. 4 vol. in-4, cart., non rognés. Fig.

83 — **Ovide.** Traduction des Fastes d'Ovide..., avec figures, par M. Bayeuse, avocat au parlement de Normandie. Rouen et Paris, 1783, 1788. 4 vol. in-8, veau. Fig.

84 — **Pas.** Jardin de fleurs, contenant en soy les plus rares et plus excellentes fleurs que pour le présent les amateurs dicelles tiennent en grande estime et dignité, divisées selon les quatre saisons de l'an, par Crispin de Pas le jeune. Utrecht et Arnhem, 1614. 1 vol. in-8 obl., cart. Fig.

85 — **Patte.** Monuments érigés en France à la gloire de Louis XV..., par M. Patte... Ouvrage enrichi de 57 figures gravées en taille-douce, représentant les places du roi et autres. A Paris, chez Rozet, 1767. 1 vol. in-fol., veau mar.

86 — **Pérau** et **Cochin.** Description historique de l'hôtel royal des Invalides, par M. l'abbé Pérau,... avec les plans, coupes, élévations géométrales de cet édifice, et les peintures et sculptures de l'église, dessinées et gravées par le sieur Cochin, graveur du roy. Paris, 1756. 1 vol. in=fol., veau marbré. Fig.

87 — **Percier** et **Fontaine**. Recueil de décorations inté-
rieures, comprenant tout ce qui a rapport à l'ameuble-
ment..., composé par C. Percier et P.-F.-L. Fontaine,
exécuté sur leurs dessins. A Paris, chez les auteurs, 1812.
1 vol. in-fol. d.-rel., veau.

88 — **Perspectiva** pictorum, et architectorum Andreæ
putei e Societate Jesu. Romæ, 1741-1767. 2 vol. in-fol.,
rel. Fig.

89 — **Picart**. Le Temple des Muses, orné de 60 tableaux
ou sont représentés les événements les plus remarquables
de l'antiquité fabuleuse, dessinés et gravés par B. Picart
le Romain et autres habiles maîtres... A Amsterdam, chez
Zacharie Chatelain, 1749. 1 vol. in-fol., veau mar. Fig.

90 — **Piranesi**. Diverse manière d'Adornare. I. Cammini.
51 planches en 1 vol. in-fol., cart.

91 — **Pugin**. The style gothic furniture of the 15th cent.
1835. — Desingns for gold and Silver Smiths. 1836. —
Specimens of ancient furniture drawn from existing
authorities by Henry Shaw. London, 1836. 3 vol. in-4,
cart. Fig.

92 — **Racine**. Œuvres. A Paris, 1760, avec approbation et
privilège du roi. 3 vol. in-4, veau. Fig. d'après de Sève.

93 — **Recueil** d'Estampes de l'école flamande et hollan-
daise, par Sadelor, Goltzius, J. de Gheyn, Crispin de
Passe, Saenredam, Muller, Matham, etc. 87 pièces en
1 vol. in-fol., cart.

94 — **Recueil** de cartouches tirés de livres et de cartes
des seizième et dix-septième siècles. 177 pièces en 1 vol.
in-fol., cart.

95 — **Recueil** d'Estampes diverses, titres de livres, ornements par Delaune, Boyvin, portraits, emblèmes, devises,
ornements d'après Polydore de Caravage, etc. 182 pièces
en 1 vol. in-fol., d.-rel. mar. vert.

96 — **Recueils** d'emblèmes et d'ornements divers, 2 vol.
in-4, cart.

97 — **Recueil** d'Estampes diverses, par Aldegrever. Empereurs d'Orient par de Bry, Estampes par L. de Leyde et Delaune, Portraits de rois de France par V. Solis, Emblèmes gravés sur bois, figures d'amours par P. Farinati, etc. 95 pièces en 1 vol. in-4, vélin.

98 — **Recueil** d'ornements divers. Vases par Saly, Péquegnot, Fontaines et Vases par Challes, Delafosse, etc. 67 pièces en 1 vol. in-fol., vél.

99 — **Recueil** de modèles de plafonds, corniches, arabesques, frises, etc., par Moisy, Prieur, Salembier, Queverdo, Boucher et Pergolesi. 1 vol. in-fol., cart., contenant 76 feuilles, dont beaucoup renferment plusieurs sujets sur la même page.

100 — **Recueil** de vignettes et fleurons pour illustrations de livres du dix-huitième siècle. 61 pièces en 1 vol. in-4, cart.

101 — **Recueil** d'ornements et titres de livres, par Huet, Choffart, Delafosse, Ranson, Salembier, etc. 84 pièces, originaux et copies en 1 vol. in-fol., d.-rel. bas.

102 — **Recueils** de gravures sur bois tirées de journaux anglais. 8 vol. in-fol., d.-rel. mar. vert.

103 — **Recueil** renfermant les plans et vues du château et parc de Versailles, les fontaines, bosquets, bassins, statues, etc., décorant le parc et le château, par Silvestre, Nolin, Lepautre, G. Edelinck, G. Audran et autres. 78 pièces en 1 vol. in-fol., mar. rouge aux armes du roi.

104 — **Reigle** des cinq ordres d'Architecture de M. Jaques Barozzio de Vignole, avec une augmentation nouvelle de Michel Angelo Bonaroti. Anno 1620. 1 vol. in-fol. vélin.

105 — **Répertoire des artistes** (1 vol. du), contenant, outre des planches par Lepautre :

1° Nouveaux dessins de guéridons, etc., par A. Loire, 6 p.

2° Diverses pièces de serruriers, invantez par Hugues Brisville, maître serrurier à Paris, et gravez par Jean Berain. 15 p.

3° Plusieurs modèles des plus nouvelles manières qui sont en usage en art d'Arquebuzerie..., le tout tiré des ouvrages de Thuraine et le Hollandais..,, et gravés par Jacquinet. 16 p.

4° Nouveaux desseins pour tabatières. 7 p.

5° Ornements pour orfèvres par Louis Roupert. 7 p.

6° Livre des ouvrages d'orfèvrerie fait par Gilles Légaré, orfèvre du roi. 14 p.

7° Nouveau livre d'ornemens, fait par Decerceau. 6 p.

8° Cartouches et ornements divers, par Mitelli et della Bella. 48 p.

9° Petites et grandes arabesques, par J. Androuet Ducerceau. 96 p.

10° Ornemens pour serruriers, gravés par Berain. 12 p.

11° Ornements divers, par N. et A. Loir. 52 p.

12° Nouveau livre d'ornemens pour les brodeurs, etc. par Ducerceau. 11 pièces.

En tout, 398 pièces en 1 vol. in-fol., d.-rel.

106 — **Ridolfi.** Li cinque ordini di architittura et agiuntado lopere del ecc^mc. M. Giacomo Barocio da Vignola. Florence, s. d.

Francine. Livre d'architecture contenant plusieurs portiques et différentes inventions sur les cinq ordres de colonnes. Deux parties de livres en 1 vol. in-fol. cart.

107 — **Roberts.** Vues pittoresques de l'Inde, de la Chine et des bords de la mer Rouge....., accompagnées d'un texte historique et descriptif par Emma Roberts, traduit par J.-F. Gérard. Londres, 1836. 2 vol. in-4 cart. Fig.

108, — **Rousseau** (J.-J.). Œuvres complètes, avec des notes historiques. Paris, Furne, 1835-1836. 4 vol. in-8, d.-rel. bas.

109 — **Ruscelli.** Le Imprese illustri con espositioni, et discorsi del S. Jeronimo. Ruscelli....., in Venetia, l'anno 1572. 1 vol. in-4 vélin. Fig.

110 — **Schubler.** Perspectivo pespictura das ist : Lurke und leichte verfaszung der practicabel sten regul, zur perspectivischen Duchnûngs-Rünst..... von Johann Jacob Schubler. Nurnberg, 1719. 1 vol. in-fol. vélin. Fig.

111 — **Seconde partie** du cours d'architecture qui contient les figures et descriptions des plus beaux bâtiments de Viguole, et de Michel-Ange. Paris, Langlois, 1691. 2 vol. in-4, veau. Fig.

112 — **Les Sens,** poème en six chants, par M. de Rozoi. Londres, 1768. 1 vol. in-8. Fig. d'après Eisen.

Les Saisons, poème traduit de l'anglais de Thompson. Paris, 1779. 1 vol. in-8. Fig. d'après Eisen.

Les quatre parties du jour, poème traduit de l'allemand, de Zacharie. Paris, 1769. 1 vol. in-8. Fig. d'après Eisen.

Trois volumes veau marbré.

113 — **Shaw.** The hand book of Mediæval alphabets an Devices. By Henry Shaw. London, 1856. — The book of ornemental alphabets Ancient and modern. By P. Delamotte. 2 vol. in-8 cart.

114 — **Silvestri** à Petrasancta symbola heroica... Amstelædami, 1682. 1 vol. in-4 veau. Fig. Frontispice gravé par C. Galle, d'après Rubens.

115 — **Sweert.** XII Cæsarum romanorum imagines E numismatibus expressæ, et historica narratione illustratæ. Ex museio franc. Sweerti.... Antverpiæ, 1683. 1 vol. in-8 veau. Fig.

116 — **Tableau** général de l'empire othoman, divisé en deux parties, dont l'une comprend la législation mahométane, l'autre l'histoire de l'empire othoman, dédié au roi de Suède par M. de M*** d'Ohsson. Paris, de l'imprimerie de Monsieur, 1787-1790. 2 vol. in-fol., veau mar. Fig.

117 — **Tableau** encyclopédique et méthodique des trois règnes de la nature. 2 vol. in-4, demi-rel. veau.

Recueil des plans, profils et élévation de plusieurs pa-
lais, châteaux, églises, sépultures, grotes et hôtels bâtis
dans Paris et aux environs..... desseignez, mesurés et
gravés par Jean Marot... 1 vol. in-4 veau.
Trois volumes.

118 — **Tapisseries** du Roy où sont représentez les quatre
Élémens et les quatre Saisons avec les devises qui les ac-
compagnent et leur explication. Augsbourg, 1699, 1 vol.
iu-fol. vélin,

119 — **Tasse.** La Gerusalemme liberata di Torquato Tasso.
Con le annotationi di Scipion Gentili, e di Giuliæ Gusta-
vini, et li argomenti di Oratio Ariosti, Stampata per Giu-
seppe baroni ad instanza di Bernardo Castello. In Ge-
nova, l'anno 1617. 1 vol. in-fol., veau. Fig.

120 — **Tasse.** La Gerusalemme liberata di Torquato Tasso.
In Parigi, 1771. 2 vol. in-8, veau. Fig. d'après Gravelot.

121 — **Taylor.** Birket foster's pictures of English Landscape.
With pictures in Words by Tom Taylor. Londres, 1863.
— The Genera of British moths..... By H. Noel Hum-
phreys. Londres, s. d. 2 vol. in-8 et in-4. Fig.

122 — **Titus Livius** und Lucius florus, von Ankunfft unnd
ursprung des Rômischen Reichs der alten Rômer herkom-
men sitten weiszheyt ehrbarkeyt loblichem regiment
Rutterlichn tbaten Victori und sieg gegen ihren fein-
den :..... Strasbourg, 1613. 1 vol. in-fol., veau. Fig.

123 — **Triumphus** novem seculorum imperii romano Ger-
manici, Carolo Magno, augustissimo romanorum impera-
tore, Germaniæ Hungariæ, Bohemiæ Regi..., 1745. 1 vol.
in-fol. cart. Fig.

124 — **Virgile.** Œuvres de Virgile, traduites en français ; le
texte vis-à-vis la traduction, avec des remarques, par
M. l'abbé Desfontaines. Paris 1796. 4 vol in-8, veau. Fig.

125 — **Vico.** Augustorum imagines formis æreis expressæ :
vitæ quoque earumdem breviter enarratæ, signorum

etiam, quæ priori parte numismatu efficta sut ratio explicata. Ab Ænea Vico, Venetiis, 1558. 1 vol. in-4 vélin. Fig.

126 — **Vriese**. L'architecture contenant la Toscane, Ionique, Corinthiaque et Composée, faict par Henri Hondius, avec quelques belles ordonnances d'architecture mises en perspective par Jean Vredman Frison..... Amsterdam, 1638. 1 vol in-fol. vélin.

127 — **Watelet**. L'art de peindre, poème avec des réflexions sur différentes parties de la peinture... Paris, 1760. 1 vol. in-4 cart. Fig.

128 — **P. Winsemii**. Rerum frisicarum libri septem. Infol. sans titre. — Marci Zuerii boxhornii historia obsidionis et rerum anno 1657. 1 vol. in-fol. vélin.

ESTAMPES

BARTOLOZZI (F.)

129 — Psyché Going to dress, — Psyché Going to Bathe, — The Nymph of immortality, -- Tragedy, — Comedy, — Venus surrounded by Cupids, etc. 10 pièces d'après Cipriani et A. Kauffman. Très belles épreuves.

BOUCHER (d'après F.)

130 — Sylvie délivrée par Aminte. — Jupiter et Calisto. Deux pièces gravées par Gaillard. Belles épreuves.

131 — Estampe allégorique pour l'histoire de Louis Quinze par médailles. Très rare épreuve à l'état d'eau-forte.

132 — L'eau, par J. Daullé, — L'Amour oiseleur, par Fessard. 2 pièces. Très belles et rares épreuves avant toutes lettres. La première n'est pas entièrement terminée.

133 — Veue du Pont de Lavandières dans le clos Payen. Belle épreuve, marge.

BOUCHER (d'après F.)

134 — Livre de Cartouches inventés par François Boucher. A Paris chez Huquier, suite de douze pièces. Très belles épreuves, grandes marges.

135 — Livre des Arts, par F. Boucher, peintre du roy, suite de six pièces gravées par La Rue. Belles épreuves, toute marge.

136 — Troisième livre de groupes d'enfans, par François Boucher, suite de six pièces gravées par L. F. La Rue. Très belles épreuves, marges.

137 — Second livre de groupes d'enfans, quatre pièces d'un cahier de six, gravées par Huquier. Belles épreuves, marges.

138 — Groupes d'enfants. Etudes de têtes, Pastorales, etc. 20 pièces gravées par Huquier, Aveline, Demarteau, etc.

FLOTNER

139 — Ornements coupés du livre: « Effigies des empereur romains ». 58 pièces.

GHISI (G.)

140 — Les Angles de la chapelle Sixtine, d'après Michel-Ange, six pièces. Bonnes épreuves.

GHISI (Adam)

141 — Les études de figures de Michel-Ange, tirées la plupart des peintures de la voûte de la chapelle Sixtine au Vatican. 68 pièces.

GILLOT et autres

142 — Feste de Faune, dieu des forêts, — Feste du dieu Pan, célébrée par des Sylvains et des Nymphes, — Feste de Bacchus célébrée par des Satyres et des Bacchantes, — Feste de Diane troublée par des Satyres, etc. Bacchanales et sujets divers. 17 pièces.

GOLTZIUS (H.)

143 — *Boll* (Jean), peintre de Malines. Très belle épreuve.

GOLTZIUS (d'après H.)

144 — Les Planètes, suite de sept pièces in-8. Très belles épreuves.

LOCK (M.)

145 — Tables, Chimneys, Sconces. Gerandoles, etc. 23 pièces. Belles épreuves.

MOREAU (d'après J.-M.)

146 — Onze vignettes gravées par Prévost, Moreau et Bradel pour l' « Histoire de la maison de Bourbon », par Desormeaux. Très belles épreuves avant lettre, grandes marges.

PRUD'HON (d'après P.-P.)

147 — Aminta; — Daphnis et Chloë, — La Grotte, — Le Premier baiser de l'Amour, — Les Vendanges, etc. Six pièces gravées ou lithographiées par Roger, Copia, Lecomte et Aubry-le-comte.. .

SADELER (E.)

148 — Diane découvrant la grossesse de Calisto, d'après J. Héintz. Très belle épreuve.

VANLOO (d'après C.)

149 — La Peinture, — l'Architecture, — La Sculpture. Trois pièces gravées par Fessard. Très belles épreuves.

VOLPATO ET MORGHEN

150 — Les Stances, peintes par Raphaël dans les deuxième, troisième et quatrième chambres de la Signature au Vatican. Suite de huit pièces, — La Jurisprudence d'après Raphaël, en tout, neuf pièces.

VOLPATO ET OTTAVIANI

151 — Les Loges de Raphaël au Vatican, divisées en trois
séries : les arabesques, les stucs et les voûtes. 45 pièces
y compris les titres. Bonnes épreuves.

WATTEAU (d'après ANT.)

152 — La Mariée de village, par C. N. Cochin. Bonne
épreuve.

EARLOM

153 — Les Fleurs et les Fruits, d'après Van Huysum. Deux
pièces faisant pendants. Très belles épreuves avant la
lettre, marges.

DESSINS

BOUCHER (F.)

154 — Groupe d'Amours tenant une draperie, frontispice pour
un des livres de Groupes d'Amours. Au lavis de bistre.

155 — Ange et Amours sur des nuages. A la plume et lavis
d'encre de Chine.

ÉCOLE FRANÇAISE DU XVIIIᵉ SIÈCLE

156 — Projet de monuments à Paris avec fontaine au milieu.
Au lavis d'encre de Chine et d'aquarelle.

Paris. — Imp. PILLET et DUMOULIN, 5, rue des Grands-Augustins.